Ein übersprungener Tag

Gewidmet
Marion für zwanzig wunderbare Jahre
sowie den drei herrlichsten Kindern auf dieser Welt
Nicoletta , Christopher und Katharina

Ein übersprungener Tag

Niko Papadakis

© 2007 Niko Papadakis
Herstellung und Verlag: Books on Demand GmbH, Norderstedt.
ISBN 978-3-8334-9220-4
Bibliografische Information der Deutschen Nationalbibliothek
Die Deutsche Nationalbibliothek verzeichnet diese Publikation in
der Deutschen Nationalbibliografie; detaillierte bibliografische
Daten sind im Internet über http://dnb.ddb.de abrufbar.

Inhaltsverzeichnis :

Die Nacht, die 24 Stunden hatte

1
Ich möchte uns begrüßen
Der Schein trügt
Denn ich stehe noch aufrecht
Wie der ewige Soldat.

Guten Tag !
Lasst mich zu Buchstaben werden
Um das Gedachte zu beleben.

Reicht mir die Krücken
Der Unbefangenheit.
Nehmt mir das Bürgerliche
Und lasst mir mein Anarchistengesicht.

2.
Du bevölkerst die Angst
Mit riesigen Bambusstöcken
Sagtest Du etwas von Treue?

Verachten werde ich niemanden
Auch wenn er mit dem Reiseführer
Über NS-Methoden diskutiert.

Siehst Du den Unterschied
Da warst, nicht mehr da, als ich kam
Und als Du zurückkehrtest
War unsichtbar mein Elixier.

3.
Seit drei Tagen streiten wir uns
Und der Grund ist längst vergessen.
Dann durchkreuzten wir die Hauptallee
Und Du fragtest: "Kennst du noch diesen Baum"?
Und da begann ich zu altern.

4.
Die Kunst
In welcher Form auch immer
Ist heilig und unantastbar
Und dann wieder
Wird sie zur Hure
Die sich für wenige Groschen hergibt.

Was bin ich doch für ein Zuhälter.

5.
Der Pope hatte gerade
Sein Fünfzigcent Gesicht auf
Als er in gekonnter Manier
Sein Gebet murmelte.

Bewundernswert
Das alles ohne Souffleure.

6.
Schreibe ein Gedicht über uns
Und ich tat es
Mitten im Garten
Deiner nicht endenden Phantasien
Und dann wolltest Du noch eins.

Schreibe ein Gedicht über uns
Und ich tat es
Mitten im Garten
Deiner nicht endenden Phantasien
Und dann war's Dir schon langweilig.

7.
Marcia ist wieder da
Die Kompanie hat sich versammelt
Hopp Ballerina hopp.

Ob in Rio oder in der Met.
Ob in Stuttgart oder in Shanghai
Rita Hayworth kommt mir in den Sinn
Orson Welles auch.
Du als Kameliendame und er als Othello.

Marcia ist wieder da
Wie die Sonne zu ihrem Planeten
Nach einem Vulkanausbruch.

8.
Du hast nur noch die eine Kugel
Oder die Wahl, einfach abzuhauen.
Was sind schon Tabletten
Oder der Sturz aus dem Fenster.

Die Kugel als Symbol der Größe
Gift, der Preis der Lächerlichkeit.
Hast Du die Worte von A. noch im Kopf
Wir haben ihn ausgelacht
Wie einen Jäger in der Steppe
Und dann verschwand er
Als Eremit in einer Katakombe.

9.
Ich habe Dir Blumen mitgebracht
Wie andere ihren Körper
Und als Dank
Kamen sie
In Deine engste Vase.

10.
Was bleibt, ist die Erinnerung
Oder ein Kleeblatt
Der Rest
Falls es einen gab
Ist metaphysisch
Oder in der Katalepsie.

Sei Du.

11.
Sie schlafen auf Straßen
Um am nächsten Morgen
Den neuen Tag zu bekämpfen.

Sie essen mikroskopisch
Und durchleiden TB oder Lepra
Wie andere ein Theaterstück oder Fußballspiel.

Sie kennen keine Liebe
Und freuen sich schon über ein -- Guten Tag --
Sie tragen keine Kleidung
Außer einigen Lumpen
Mit denen man sie verbrennt
Mit den Worten : -- Einer weniger --

Märtyrer gibt es noch genügend.

12.
Ich fürchte manchmal
Dass ich meinen Ursprung vergesse
So wie an dem Morgen vor sieben Monaten
Als ich Dich nicht erkannte.

13.
Sie kaute den letzten Bissen
Und spülte ihren Mund mit Gin
Dann machte sie sich für ihn fertig.

Er sagte etwas von Liebe und so
Von Sternen und Gestirnen, doch
All das kannte sie schon längst.

Sie schliefen fast gleichzeitig ein
Um am nächsten Morgen, der kommen musste
Getrennt zu erwachen.

Er hinterließ ihr eine Nachricht
Und einen Geldschein
Den sie am nächsten Morgen
Beim Friseur ausgab.

Sie hatten den vierten Hochzeitstag.

14.
Dann lagst Du da.
Fast wieder zum Leben zurückgekehrt
Und wolltest eine Zigarette.
Du sagtest: "Ich sehe scheußlich aus"
Und ich meinte: "Im Gegenteil"

Und ich schwindelte nicht.
Du hattest Deine alte und eine neue Schönheit.
Verzeih mir
Dass ich keinen Spiegel bei mir hatte.

Ich erinnerte mich an Tropfsteinhöhlen
Und an Hubschrauber
Doch ich fand keinen Zusammenhang.
Vielleicht muss man den Versuch wagen
Um sich zu erkennen.

15.
Und sie hassten sich bis an den Tag
Als sie im Beisein der Generäle
Ihre Ochsenschwanzsuppe
In der Regenrinne hinunterspülten.

Damit war der Krieg vorbei
Und Vietnam vereint.

16.
Ich traf Dich so oft
Und traf Dich doch nicht
Und dann begann die Nacht
Die vierundzwanzig Stunden hatte.

Ist es nicht ein schönes Gefühl
Zu erwachen und am Leben zu sein.

Dieses Gedicht ist für Dich
Und für Gott
Den ich heute zum ersten mal nach Jahren
Wieder ansprach.
Ich danke Euch beiden.

17.
Ich gehe die alten Straßen
Durchkreuze bekannte Gesichter
Die alt geworden sind.
Ich schreibe dieses Gedicht
Das keines werden soll
In einer unendlich phantastischen Stimmung.
Vergangenheit und Gegenwart werden eins
Die Zuflucht ist nur der Sprung
Ins geweihte Wasser.
Immer, wenn ich die alten Straßen sehe
Überholt mich Dein Schatten,
Der irgendwann einmal gestern
Oder vor einem Jahrhundert
Hier wohnte.

18.
Er ist so feinfühlig,
Dass er sich noch täglich
An den Augusttag vor fünf Jahren erinnern kann,
Als er eine Ameise platt trabte.

Er erzählt es täglich seinen Kindern
Und verschweigt
Seine Tätigkeit als Folterer
Bei der Militärpolizei.

19.
Wenn die Sonne heiß über den Dächern
Erscheint, aus den Fenstern Kinderstimmen
Sich mit dem Gesang der Vögel vermischen, wenn
Die Blumen am Sims neue Blüten haben und
Du Deine Liebe mit Kaffeegeruch weckst,
Dann entdeckst du all das
Was dem Leben seinen Namen gab.

20.
Du lachtest, dass man meinen könnte
Du stammst aus einer anderen Galaxie.
Besinne dich auf Früher
Und verkenne nicht die Ausgelassenheit
Die du als Aushängeschild
Am Halse trugst, wie andere Kruzifixe.

Du hattest ein Lachen,
Mach es nicht zu Farce.

21.
Es traf mich schon
Als ein Freund zu mir sagte
-- Du bist reifer geworden --

Ich wusste, irgendetwas hatte sich verändert
Und da erkannte ich,
Dass ich meine Jugend verlor.

22.
Manche Menschen
Sind nicht dafür gemacht, etwas zu verstehen.

Du musst mich nicht lieben
Genauso, wie Du nicht wissen musst
Wie viel Menschen heute
Ananaskompott als Nachtisch essen.
Die Galaxis ist nur für Dich da
Wie der Bordeauxteppich
Und Dein silberner Name.
Erkenne mit Verstand
Und töte aus Neugier.

23.
Ich brauche Worte, damit ich träume
Ich brauche Sonne, damit ich sehe
Ich brauche Wärme, damit ich spüre
Ich brauche Dich, damit ich lebe.

24.
Genug für Heute
Die Augen werden langsam kleiner
Und die Müdigkeit größer.
Wieder einmal ein Tag vorbei.
Einer aus der Masse meines Existierens.
Sicherlich gab es schönere,
Miesere aber auch.

Griechenland wurde öfters befreit
Deutschland gab es mal in zwei Versionen
Frankreich ist die Heimat Eluards.

Es gibt Menschen, die halten
Sardinenbüchsenöffner für ein Weltwunder.
Andere mögen dagegen nur Karottensaft.
Warum soll ich da noch nach
Zusammenhängen suchen.

Genug für Heute
Noch ein paar solche Nächte
Und man feiert mich als neuen Stern
Oder opfert mich
Um bei Gott Gnade für die Menschen zu erbitten.

Ein geheimnisvolles Licht jenseits meiner Trauer

1

Glaubst Du an das Pathos, Sandra?
Glaubst Du an die Glut und an das Feuer?
Glaubst Du, dass Herzen brennen können?
Glaubst Du, dass es eine Leidenschaft gibt?
Kennst Du die Ekstasen der Phantasien?
Kennst Du den Rausch, der die Sinne lahm legt?
Ich bin von einem Phantom hingerissen, Sandra
Und dieses Phantom bist Du.
Ich bin nicht der Superman,
Bin kein Zorro und kein James Bond.
Ich bin einer aus der Masse,
Der dennoch sich von dieser Masse absondern
Möchte,
Du bist meine Muse, Sandra.
Bitte vertraue mir.

2

Eisernes Schweigen wollte ich mir auferlegen.
Wollte allein von Dir träumen,
Wollte die ganze Welt mit einem Handstreich
Wegwischen.
Allseits starrst Du mich an,
Alles, was ich betrachte erhält Dein Format,
Alles was ich anfasse, bekommt Deine Prägung.
Ist das Wahnsinn?
Bin ich wirklich so verrückt geworden?
Zeitempfinden und Realität verschmelzen,
Meine Gedanken kreisen nur um Dich.
Ich weiß nicht, was ich tu.
Eifersucht auf Alles überkommt mich.
Unentschlossenheit macht sich breit.

16

3

Wenn ein Tag vergeht und ich
Dich nicht für Sekunden sehen kann,
Dann blitzen Überschallflugzeuge durch mein Hirn,
Verwüsten meine Sinne.
Ich fühle, wie mich die Leute beobachten,
In der S-Bahn oder in der Fußgängerzone,
Im Restaurant oder beim Zeitungsstand .
Augen drehen sich zu mir
Ich kann die Fragen nicht beantworten,
Kann nichts sondieren
Kann nichts erwägen
Bin machtlos.
Wie ich diese Ruhe liebe,
Wenn ich Dir schreiben darf
Wie ich es genieße, wenn ich weiß,
Dass Du dann diesen Brief, dieses Papier in den
Händen hältst.
Es gibt keinen Lärm und keine Attraktion.
Es gibt keinen Trubel
Es ist die Übersichtlichkeit der Buchstaben,
Die den Weg vorgibt.
Wenn jetzt ein Feuer ausbrechen würde,
Ich stünde mittendrin und würde nichts spüren.
Sämtliche Sinne sind durch Dich belegt.
Ich möchte mein Geheimnis wahren,
Nicht einmall dem Obstverkäufer sagen.
Ich möchte es Dir jedoch offenbaren, Dir,
Die Du mir so fremd und gleichzeitig so nah bist.
Lass mich den Weg finden Sandra,
Den Weg der zu Dir führt,
Den Weg der mir das Tor zu Deinem Reich anzeigt.

4

Einmal habe ich Deinen Namen genannt
Und jedes Mal, wenn Du, durch sicherlich gewollte
Zufälle, Dich in meiner Nähe aufgehalten hast, da
Spürte ich Das, was einem Kraft gibt, das, was
Einem Lebensmut gibt, das was einen auffordert

-- Mach weiter --.

In meinen Träumen sehe ich Dich auf einer rosa
Wolke die durch die Räume, in denen ich mich
Gerade aufhalte, schweben.
Lass mir bitte diese Wolke. Wenn Du mir schreiben
Möchtest, erreichst Du mich auf Wolke 38c.

5

Dein Anblick,
Die Wärme, die durch Dein Bild entsteht
Ist zur Wärme meines Pulses geworden.
Die Tage vergehen immer schneller.
Immer kürzer werden die Intervalle
Und ich merke wie ich zum ersten Mal im meinem
Leben
Ungeduldig werde.
Die Ungeduld der Erwartung, diese Sehnsucht
Für Augenblicke wieder in Deiner Nähe zu sein.
Und ich werde mich nicht verstecken,
Ich werde vor dich treten und mich zu erkennen
Geben
Ich werde beten dass Du dann Deine Zeit mit
Mir splittern kannst.

6

Wieder einmal allein. Eingeschlossen in diesen vier
Wänden, die mich von der Außenwelt verstecken.
Allein inmitten toter Möbel und lebloser
Photographien liege ich, ohne von meinem
" Sein " ein Bild machen zu können. Ich verfange
mich in nichts einbringende Philosophien. Wieder
einmal allein mit meinen Träumen und Erinnerungen.
Wie aus einer anderen Welt, fern, sehr weit entfernt,
vernehme ich die Klagegesänge einiger und
wundere mich, dass man überhaupt um mich weinen
kann.

Vor meinem Fenster breitet sich ein Meer von
Stimmen und trotzdem fühle ich mich so einsam.
Langweilige Stimmen, unnütze Sätze, anekelnde
Individuen. Was soll ich dort?
Die haben draußen ihre Welt. Meine ist hier, in
diesem Zimmer, ein lebender Toter.
Meine Welt ist die Verbannung meines Körpers.
Manchmal möchte ich aufschreien, damit überhaupt
jemand von mir Notiz nimmt. : " Ich lebe noch!"

Wieder einmal allein, ein Nebel von Melancholie
umzingelt mich und versklavt meine Gedanken. Nur
wenn ich schlafe, erlaube ich mir zu träumen, und in
letzter Zeit verstehe ich diese Träume nicht, und die
Einsamkeit macht mich wieder zu ihrem Untertan.
Wenn ich träume, dann ist es wie wenn ich immer
schon gelebt habe. Du bist bei mir und die Nebel der
Grausamkeit sind verbannte Regenbogen
im endlosen Universum.

7

Vielleicht ist es die Bestimmung des Tages, 24
Stunden zu haben. Manche Tage jedoch
scheinen nie aufhören zu wollen. Vielleicht ist der
Sinn des Lebens auch der, solche Tage zu erleben.
Wie lang ist es eigentlich her, dass ich dich das
letzte Mal sah? Eine Woche? Ein Monat? Ein Jahr
oder mehr?
Ich weiß es nicht, was zählt ist, dass Du weit weg
bist, sehr weit weg.
Und jetzt liegst Du in seinen Armen und es schmerzt.
Welche Dämonen spielen mit meinen Gefühlen?
Warum lassen sie mich in meiner Einsamkeit Dich
vergessen.
Auf jeden Baum schreibe ich Deinen Namen.
Fremde Stimmen verlocken mich und ich fühle mich
so schwach.
Auf jeden Baum schreibe ich Deinen Namen,
Deinen Namen der Alles umfasst. Der Saft der Rinde
fließt wie mein Blut. Ich fühle mich so krank und
werde von Gespenstern verfolgt.
Was auch passiert, Deinen Namen werde ich immer
auf Bäume ritzen, und die Morgenröte wird mir
dabei behilflich sein.

8

Was bin ich eigentlich für Dich? Bin ich überhaupt
jemand? Existiere ich vielleicht nur in Briefen
als verdorrte Tulpe, kurzdauernde Zukunft, als
zertretene Blüte, als verlockender Abgrund?
Was bin ich eigentlich für Dich?
Ein vergessener Freund, ein kranker Verbündeter,
ein Liebhaber der Phantasie?
Du schreibst, ich wäre Dir ans Herz gewachsen.
Ich spüre jedoch um mich nur Menschen ohne
Augen. Was sie empfinden, ist die Rastlosigkeit der
Angst.

20

Man bewundert den Schmerz und umarmt das
Unglück. Und ich, ich sehe mich nicht mehr. Um
mich nur Menschen ohne Augen. Verlorene
Augenblicke der Hoffnung und ich beobachte, wie
sie die Augen schließen.
Nein, Sandra, wenn Du mir erlaubst, werde ich auch
weiterhin in Deiner geistigen Nähe sein.
Erlaube mir, Dich zu beschützen, zu behüten.
Erlaube mir, Dein Freund zu sein.
Erlaube mir, wenn Du es zulässt, in 3 Monaten oder
50 Jahren
Mehr zu werden.

9

Aus dem Fenster fallen die Sonnenstrahlen.
Das, was zwischen Licht und Dunkelheit ist,
versteinert den Tod
Und ich sehe mich als Ungeheuer.
Die Gewitterwolken stärken mich.
Am liebsten würde ich auf der Krone eines Baumes
wohnen. Auf der Krone einer Pinie und wie ein Adler
herunter blicken um Dich zu suchen. In meinen
Krallen fühle ich die Kraft. Ich spüre, wie der Wind
durch Deine Haare weht. Deine Haare werden zum
Adler, der Adler zur Asche, aus der Asche blühen
Rosen und daraus entstehen Ängste. Diese Ängste
werden zu Krallen und die Krallen gebären mich.

10

Komm Sandra, komm Du Zauberkraft des Glückes,
komm in meine Träumen und beschütze mich.
Beschütze mich vor den Sirenen, die meinen Tod
verlangen, verjage die Fledermäuse die mein Blut
aufsaugen.
Deine Augen sind meine Hoffnung
Ohne Endziel. Deine Augen sind die Troubadoure
meiner Ruhelosigkeit. Habe ich jemals vorher
existiert oder begann mein Leben erst, als ich Dich
zum ersten Mal sah?
Welche Augenfarbe hast Du eigentlich?
Manchmal verspüre ich Rachegelüste. Ich belüge
Dich nicht, Sandra, Ich fühle mich wie in der
Verbannung. Ich möchte kämpferisch sein, möchte
die Ärmel hochkrempeln und in Robin Hood-Manier
die Gerechtigkeit suchen. Manchmal fühle ich mich
wie ein Hund im Winter, der die Wärme sucht und
sich schließlich im Wald verirrt.
Sandra, ich habe mich in Deinen Geist verliebt.

11

Es stimmt, dass die Hoffnung der Strohhalm ist, an
den man sich klammert, aber über Strohhalme sagt
man dass sie zerbrechlich sind.
Tag und Nacht vermischt sich und meine Nächte
sind erfüllt von Träumen und Ängsten. Ich erinnere
mich so, an die Abende mit meinen Freunden Stefan
und Michael. Sie waren so stolz darauf,
Berufssoldaten zu sein. Ruhm und Ehre wurden
strapaziert. Soldaten sind Retter, sagten sie immer
wieder und dass man in einer schicken Uniform das
eine oder andere Mädchen erobern könnte. Sie
spielten so gern Soldat, verurteilten die Gräueltaten,
die passiert sind oder nicht.

22

Sie waren sich da nicht immer einig, aber Soldaten
werden gefeiert, und Stefan und Michael ließen
keine Feier aus.
„ Du würdest sehr gut als Soldat aussehen," sagte
einmal Stefan. Du wärst ein Idol. Irgendwann später
fragte mich eine ältere Dame, die ihre Söhne im
Irakkrieg verloren hatte, ob ich auch Soldat war. Ich
schüttelte nein sagend den Kopf und ich spürte das
Pathos, das aus der Frau sprudelte.

12

Nachts träume ich. Toten Stimmen, die ich nicht
ausmachen kann, bevölkern mich.
Woher kommt ihr, fragte ich einige, die teilweise
blutüberströmt und unerkennbar auf mich zukamen.
Aus Afghanistan, sagte eine Leiche, die teilweise
verwest war. Ein anderer, dessen Kopf nur noch von
drei vier Fasern gehalten wurde, sagte er komme
aus Südafrika.
Ich bin ein Nachbar von Sandra, sagte mir ein dritter,
der keinerlei äußere Verletzungen hatte.
Die ersten zwei ließ ich beiseite und kümmerte mich
um den dritten.
Später, als ich dann zum Stadtpark ging, bemerkte
ich, dass ich die Sprache der Bäume verstand.
Eine Birke fragte mich, wer von uns ist Dein
Lieblingsbaum. Ich zeigte auf die Kastanie, da vor
Deinem Haus, Sandra, auch ein Kastanienbaum
steht.
Kaum ging ich weiter, bemerkte ich
Wie der Kastanienbaum eine Axt nahm und damit
auf die anderen Bäume einschlug.

13

Ich wache auf, denke an Dich und bin der glücklichste Mensch in der ganzen Stadt. Alles erfreut mich. Ich schaue hübschen Mädchen nach, lache und scherze und denke, dass wir zwei alt und grau geworden sind.
Du gibst mir einen leichten Schubs. Dann ging ich in eine Kapelle, um dafür zu beten, dass wir zwei irgendwann den Weg zueinander finden und beobachtete dabei, wie der Pfarrer einen Hut ausprobierte. Ich lachte lauthals.
Im Kino schlief ich während der spannendsten Szenen ein, und als mich mein Nachbar sanft weckte, lachte ich ebenfalls.
Dann begegnete ich Grigori. Grigori war ein früherer Nachbar. Ein Blindenhund führte ihn, und er sagte, dass es eine Gasexplosion war. Von da an war das Lachen verstummt. Dann träume ich, dass wir von einer längeren Reise zurückkommen. Zurück aus der Stadt, wo wir so vieles kennen und trotzdem fremd sind. Meine Hauswirtin war ganz entzückt von Dir.
Sie ist zauberhaft, hörte ich sie sagen. Sie ist wunderbar, sagte der Gemüsehändler. Dann kamen all meine Freunde, wollten die Frau sehen, die mich erobert hat, und Du standst abseits irgendwo in einer Ecke, während ich mich feiern ließ. Ich kam bei Dir vorbei und gab Dir einen flüchtigen Kuss. Ein kleines Lächeln entsprang aus Deinen Lippen. Ich küsste Dich erneut, da hattest Du gelächelt,
Somit wurde es für mich ein glücklicher Tag.

14

Menschliche Tiere und tierische Menschen sind
die Begleiter meiner Träume. Schöne Mädchen,
reiche Männer, verlockende Künste. Magische Worte
verleiten mich. Ich fühle mich so feig und frage mich,
warum ich Dich damals nicht angesprochen habe.
Vielleicht wäre alles anders gekommen.
Mein Herz klopft immer wieder. Ich sehe schwarze
Bilder, Bilder, die nur meinen Tod wiedergeben.
Eines meiner Lieblingsmärchen ist die Geschichte
vom Hirten, der, um die Dorfbewohner zu
erschrecken, Alarm schlug. „Die Wölfe kommen, die
Wölfe kommen" rief er, und die Leute strömten in die
Gassen, um die Herden zu retten, doch er saß da,
cool und abgeklärt und lachte sich über die
Dummheit der anderen krumm. Als aber tatsächlich
die Wölfe kamen, nützte sein Ganzes Jammern und
Heulen nichts. Die Leute glaubten ihm kein
Wort, und somit war er machtlos gegen die Meute.
So komme ich mir auch zurzeit vor. Früher sprach
ich bei jeder Gelegenheit von Liebe. Ich spielte,
wusste dass dieses Wort einem Tür und Tor öffnet.
Ich vermochte nicht einmal, was es bedeutet. Jetzt,
da ich wahrhaftig liebe, kann ich es Dir nicht
beweisen, Sandra. Ich möchte Dich glücklich sehen,
ich möchte, dass Du Freude ausstrahlst Ich möchte,
dass meine unermessliche Kraft für uns beide
ausreicht.

15

Ich sehe immer wieder das Bild von uns, die
irgendwo auf einem Felsen sitzend und Blüten
zählen.
Dann sehe ich meine Ruhelosigkeit, dann sehe ich,
wie das Glück, das nicht einmal begann, erlischt.
Ich träume immer den Traum der Träume und sehe
manchmal ein verlassenes Herz, einen verstoßenen
Atem, einen vergessenen Geist. Hass und Liebe
sind so nah beieinander und meine Gefühle pendeln
um die eigene Achse, und somit klage ich die Liebe
an.

16

Sandra, Du bist das Wunder, das jede Nacht in
meinen Phantasien erscheint. Jetzt, da nur Schmerz
den Tag regiert, jetzt, da nur Schmerz über die
Dunkelheit herrscht.
Du bist die Hoffnung, die mich stärkt, wenn das Gute
mit dem Bösen kämpft. Du bist der Schlüssel, der die
Tür öffnet, diese geheimnisvolle Tür, die zu dem
schönsten Ort auf der Welt führt, zu Dir!
Der Wolkenbedeckte Himmel wird strahlend blau.
Die Freude überstrahlt alles und wenn ich die neue
Welt betrachte, weiß ich, dass hier das Paradies sein
muss, denn überall ist mit goldenen Buchstaben
Dein Name verewigt.

17

Rote Nelken sprießen aus meinem Herzen.
Sie allein kennen das Geheimnis. Sie allein können
Glück, Freude, Liebe und Hoffnung nähren.
Denke an mich, liebste Sandra. Du sollst nie um
mich weinen, Du sollst lediglich wissen, dass meine
Liebe zu Dir stärker ist als jeder Tod.
Denke an mich, liebste Sandra, wenn Vögel auf
meinen Grabstein Klagegesänge anstimmen.
Die Lügen gehen, die Wahrheit erscheint, und ich
erkenne meine Ungeduld wie eine Mauer der
Unwissenheit. Die Wahrheit geht, die Lügen
kommen, und ich fühle mich so stark wie nie.

18

Immer wollte ich mit einem Raumschiff um die
Erde kreisen, alles beobachten, alles wahrnehmen.
Ich möchte Generäle sehen, wie sie einsam in der
Toilette das Klopapier suchen und niemand ihnen
bei der Suche hilft.
Ich möchte einem seekranken Fischer bei der Arbeit
zuschauen. Kanalarbeiter, Bankdirektoren, Huren,
Pfarrer will ich beobachten. Dich jedoch möchte ich
aus so einer Entfernung nicht sehen, da Du mir viel
näher bist als all die anderen Menschen.
Du bist in allem, was ich sehe, in allem was ich tu,
In allem, was ich erspähe. Und wenn es das letzte
ist was ich tu, dann denke ich an Dich.
Und wenn es das letzte Wort ist, was ich sage, dann
sage ich: Sandra.

19

Der ganze Himmel ist ein See von Erinnerungen.
Ich rede, um meine Gedanken nicht zu verraten. Ich
schweige, damit mein Gehirn nicht ausruht. Ich will
es allen beweisen, dass ich es geschafft habe.
Ich rede, um meine Gedanken nicht zu verraten. Ich
schweige, damit mein Gehirn nicht ausruht, ich
werde leben müssen, um Dich zu gewinnen.

20

Wenn die Lichter erlöschen, dann schwebst
Du immer zu mir. Die Lichter sind erloschen und die
Straßen trotzdem taghell. Die Träume erzählen sich
einander. Wahre Liebe gibt es nicht in den Galerien,
wahre Liebe spürte ich als ich Dich das erste Mal
sah. Und noch mehr liebe ich Dich seit dem Tag, an
dem Du Dich entferntest.
Allein suche ich im Himmel der Erwartungen. Wo ist
die Hand, die mich führt, wo soll ich mit der Suche
beginnen. Jemand ruft mir was zu, ich verstehe kein
Wort. Aus der Ferne höre ich meinen Herzschlag.
Die Dunkelheit hält meine Liebe gefangen, dichte
Nebelfelder bedecken meinen
Körper. Ich glaube an das „Morgen", weil meine
Gedanken Zukunftsorientiert sind. Ich glaube an den
„ Frieden ", weil die Menschen irgendwann vernünftig
werden müssen, ich glaube an das
„ Gute", weil Mensch sein im Grunde „gut sein"
bedeutet. Ich glaube an Dich, weil sich eines
Tages der Himmel öffnen wird um alle Liebende
einzuladen.

21

Die Wolken möchte ich besteigen, um den Himmel
der Liebe zu erreichen. Ich war niemals ein Held,
meine Kraft erhielt ich durch Dein Lächeln. Die
Sterne nahmen Dich mir fort und die Wolken
ermüden mich. Aufgeben bedeutet Dich verlieren.
Dich verlieren bedeutet Einsamkeit. Einsamkeit heißt
Angst. Angst wird zur Feigheit und Feigheit erntet
Mut zu etwas Neuem, aber ich möchte nur Dich!

22

Als Kind spielte ich in vielen Lotterien. Hatte
konkrete Pläne, wenn der Hauptgewinn meinen
Namen tragen würde.
Essen für die Hungrigen wollte ich beschaffen.
Sämtliche Waffen aufkaufen und auf dem
Meeresgrund versenken. Ruhestätten für
Wohnungslose wollte ich erbauen.
Krankenhäuser, Schulen, Universitäten.
Heute denke ich immer noch an den Hauptgewinn
und weiß, dass dieser Hauptgewinn jede Minute in
Deiner Nähe war.

23

Ich möchte mir verzeihen können.
Für all die Tränen, die mein Herz versteinert haben.
Das ganze Leben ist ein Roulette:
Rot, Schwarz, Gerade, Ungerade. Das Rad drehte
sich und ich setzte immer aufs falsche Feld. Ich
möchte mir verzeihen können und weiß nicht wie.

Komm endlich, Herrscher der Unterwelt, und nimm
mich mit. Nimm meinen Körper, dessen Verfall ich
nicht mehr ansehen kann. Bringe diesen Körper in
Dein Reich. Die Seele jedoch wird zu Dir schweben,
Sandra. Sie wird Dich begleiten und bewachen. Ich
möchte mich mit diesem Brief verabschieden.
Unsagbar süß waren all die Nächte, die ich von Dir
träumen durfte, unvergesslich bleiben die erträumten
Küsse. Ich vergesse nie den Augenblick, als ich Dich
zum ersten Mal sah.
Ich habe kein Recht zu vergessen. Ich bin so müde,
so abgespannt, so ermattet. Jeder Gedanke an Dich,
jede geistige Liebkosung lebt immer noch in mir. Es
ist der Strohhalm, an den sich mein Leben klammert.
Diesen Strohhalm, den ich nicht loslassen möchte.
Ein geheimnisvolles Licht brennt jenseits meiner
Trauer und eine mir nie beantwortete Frage bleibt
unbeantwortet: Warum?
Ich bin für Dich da. Ich werde immer für Dich da sein,
Sei es in 3 Monaten oder 50 Jahren.

Gedichte vor der Geburt

1
Sie sagte "Arsch"
Und ich sagte "Loch"
Und dann liebten wir uns.
Kann es je romantischer beginnen?

2
Wenn wir uns hassen
Dann sitzt sie stets in einer Ecke
Und heckt
Den Spähtrupp der Rache.
Immer dann,
Erhebt Sie ihre Augen
Und entschließt sich
Zum glorreichen Rückzug.

3
Berechnende Augen
Blicke wie Gammastrahlen
Begierig.
Es gibt unauflösbare Wandschirme
Dinge, die nicht existieren
Und doch sichtbar sind.
Es gab einmal jemanden
Der Selbstmord beging
Weil er keine Fragen mehr hatte.
Lass die Wolken frei
Öffne deine Flügel
Komm aus dem Bett
Das nur dazu da ist
Dein Geschlecht auszuweisen.
Frage
Frage immer.

31

4
"Das ist mein Risiko " sagte sie
Und steckte den Draht tief in ihren Körper
Um das Kind zu töten
Sein Kind
Und nichts sollte sie an ihn erinnern.
Dann legte sie sich
Flach auf dem Boden
Spielte mit den Fingern im Blut
Und bemalte damit
Die Wände ihres Sarges.

5
Ich fand Dich
Drei Schritte vor dem Tod
Und gab Dir Wasser und Brot
Nahm Dich wie eine Tochter auf
Und lehrte Dich meine Moral.
Als Du dann nach Jahren
Alles gelernt hattest
Nahmst Du das Beil
Um mir den Kopf abzuhacken.

6
Am liebsten würde ich Dich
Von all meinen Widersachern
Vergewaltigen lassen.
Ich würde dabei zusehen
Den etwas Grausameres
Könnte ich ihnen nicht zufügen.

7
"Was? Du schreibst Gedichte?"
Ist doch Scheiße, Junge!
"Mach doch mal was Vernünftiges
"Geh mal in die Kneipe, geh ins Kino,
Bums ne Runde, tu was Verrücktes
Und als ich Dir sagte,
Daß ich auch alles das ertrage
Hast Du mich wie einen
Polospieler angesehen
Der auf einem Esel reitet.

8
Ich warte immer noch darauf
Daß mich eine schöne Frau fragt
Wie ich am liebsten sterben möchte.
Dann würde ich antworten:
"Zwei Minuten, nachdem ich dir den
Laufpass gegeben habe."

9
Ich habe tatsächlich fast alles ausprobiert.
Habe Rennpferde geritten
Bin über den Ozean geflogen
Habe Jungfrauen besessen
Fernöstliche Delikatessen gespeist
Bin auf Autobahnen zweihundertneunzig gefahren
Habe auf den Fingernägel gekaut
So getan, als ob ich arbeiten würde
In Kirchen gebetet
Auf Parkbänken onaniert
Den Besoffenen gespielt
Arschkriechern in den Arsch getreten
Ohne einen Pfennig den Millionär gespielt
Ich habe tatsächlich fast alles ausprobiert.
Fast!

10

Als ich meine erste Ameise umbrachte
War ich kaum fünf
Ich fühlte mich wie ein Ritter
Und erzählte es abends meiner Mutter
Und trank dabei genüsslich meine Milch.
Später habe ich Hunderte umgebracht
Ich war so sechzehn oder siebzehn
Ich fühlte mich wie ein Weltbeherrscher
Und erzählte es abends meinen Kumpels
Und trank dabei Bier aus der Flasche.
Wenn ich heute eine Ameise sehe
Bitte ich um Verzeihung
Für all meine Verbrechen.

11

Du gibst mir
Zehn Minuten von Deiner Zeit
Und ich zahle dafür.
Und bin so überglücklich.
Andere gaben Jahre
Unentgeltlich
Doch die sind mir so unbedeutend.

12

Gib einer Frau Deine Liebe
Und du stirbst
Wie ein Moskito
In der Gaskammer.
Gib einer Frau Dein Herz
Und Du endest
Als Rauchfang
In einer Hütte.

13
Ich lasse mir alles nehmen
Nur das Zusehen
Während Du Dich ankleidest
Das behalte ich für mich.
Ich bin der Sprüche satt
Staubkörnchen werden nie zu Gold
Solange man sie auch betrachtet.
So entschloss ich mich
Zu altern
Wie das kleine grüne Männlein
Aus der Zeichentrickserie

14
Dann sprichst Du von Langeweile
Und daß die Monotonie
Einen umbringen kann.
Du stellst Pläne auf
Entdeckst neue Dimensionen
Um zu erkennen
Daß Du nie die Chance bekommst
Das Erdachte zu realisieren.
Dann sprichst Du von Langeweile
Als wäre sie Dein Freund
Und öffnest das Fenster
Damit der Ostwind
Die Gesetze verweht
Die Dich so machen
Wie man Dich sehen will.

15
Ich könnte
Eine Woche lang ununterbrochen arbeiten
Eine Woche lang auf einem Bein stehen
Eine Woche lang Pommes mit Zwiebeln essen.
Doch keine Sekunde länger
Könnte ich Dich ertragen.

16

Oft sitze ich im Café
Und lass den Film ablaufen
Um meine Jugend zu betrachten.
Du sagtest immer:
"Deine Augen sind mein Spiegel."
Und ich glaubte es.
In Gedanken hast Du mich früher schon verloren.
Nur ich
Ich sterbe noch unseren Tod
Drittes Regal, zweite Reihe
Und ganz, ganz leise Rachmaninow.
Irgendwo weit weg
Wirst Du sicherlich um diese Zeit
Einen Kaffee trinken.

17

Wir saßen im Hinterhof
Und sahen Dir beim Tanzen zu
So unendlich weiblich
Wie Cleopatra
Wie Aphrodite.
Dann begann ich die Welt zu hassen
Weil sie durch ihre Anwesenheit
Deinen Tanz beleidigt.

18

Ist es Tag oder Nacht?
Ist es vielleicht Winter?
Es ist kalt.
Es stimmt, dass man einen Mann
Durch Intoleranz töten kann.
Sein Atem wird zum Nebelschleier
Mir ist kalt,
Wärme mich mit Deiner Gleichgültigkeit.

19
Deine Augen
Wie Gedichte von Cohen
Dein Gesicht
Wie Musik von Kristofferson
Dein Wesen
Wie Geschichten von Hemingway
Dein Körper
Wie Filme von Bergmann.
Deine Gedanken
Wie die meinen
Lass uns es zusammen versuchen.

20
Gedicht
All denen gewidmet, die ihre verlorene Moral,
Als Naturgesetz sehen:
Arschlöcher
Arschlöcher
Arschlöcher

21
Wenn ich schreibe,
Dann ist alles um mich nur "Du"
Früher wäre ich in einer Kneipe gelandet
Würde mir eine Zigarre anzünden
Oder eine Vollbusige anmachen.
Vielleicht hätte ich auch zu jaulen angefangen
Oder mich in einer Absteige gefunden.
Hätte ungeschälte Äpfel gegessen
Und Politiker nachgeäfft.
Jetzt, da ich nach Jahren wieder schreibe
Führst Du meine Hand
Und bemerkst nicht
Daß ich meine Freiheit brauche
Um dort zu enden
Wo Du herkommst.

22
Hast Du es gemerkt,
Daß ich, seit wir zusammen sind
Keinen anderen Körper berührt habe.
Es stimmt,
Daß Monotonie mich langweilt
So werde dir bewusst,
Daß nur Du die Chance hast
Mich Dir eigen zu machen.

23
Als du das letzte mal hier warst
Hast du Deinen Büstenhalter vergessen.
Jedesmal, bevor ich mich hinlege
Liebkose ich ihn wie ein Kind
Weil er so nach dir riecht.
Dir ist der Großteil der Welt
Untertan.
Die Winde gehorchen nur Dir
Alles bekommt Dein Ansehen
Wenn Du es berührst
Hättest Du dich lieber vergessen
Hätten wir
Eine neue Generation gegründet.

24
All die Obszönitäten
Die man liest und sieht
Haben wir schon längst hinter uns.
Ich möchte, daß wir einander vergeben
Um uns so zu lieben
Wie es unserer Natur entspricht.
Du sagtest: "Ich lieb Dich"
Ich sagte: "Ich Dich auch"
Und dann gaben wir uns Richard Wagner hin
Ich mit meiner Empfindsamkeit
Und Du mit Deiner Vagina
Die nur das sein kann, was sie ist
Ein verlorener Gedanke.

25
Ich führe einen erbarmungslosen Krieg
Führe einen erbarmungslosen Krieg
Einen erbarmungslosen Krieg
Erbarmungslosen Krieg
Krieg
Wie unwichtig.

26
Verzeih mir
Fast hätte ich vergessen
Deine Photographie zu küssen, bevor ich einschlafe.
Ich warte auf Dich
Mit all der Erwartung
Mit all der Kraft
Die mir erlaubt
Nicht zu träumen.

27
Sicherlich gibt es solche Männer
Die wortlos
Eine Frau erobern.
Es gibt auch solche Männer
Die stundenlang reden
Für einen Drei-Sekunden-Liebesakt.
Ich sehe mich irgendwo dazwischen
Wie eine Gaswolke im Nebel.

28
Wenn Du willst
Werde ich ein Hampelmann
Um Dich zu erfreuen.
Wenn Du willst
Werde ich ein Gentleman
Damit Du mit mir angeben kannst
Wenn Du willst
Werde ich zum Menschen
Um mit Dir auf einer Stufe zu stehen.

29
Ich hasse all die,
Die von der Arbeit kommen,
Ihre Füße auf den Tisch legen,
Das Abendessen serviert bekommen
Und bis zum Einschlafen fernsehen.
Ich hasse all die,
Die ihren festen Bumstag haben
Brötchen mit Erdnussbutter beschmieren
Eine Scheibe Lyoner drauf
Und meinen, es wäre das Brot der Gerechten.
Ich hasse all die,
Die kein Fleisch kaufen
Weil sie auf das Eigenheim sparen.
Ich hasse all die,
Die unter der Bettdecke onanieren
Während sie die Apothekerzeitung betrachten
Ich hasse all die,
Die Moral predigen
Und die Nachbarskinder gedanklich ausziehen
Ich hasse all die.

30
Du stehst leise auf
Schaltest gleichzeitig das Radio ein
Gehst ins Bad
Machst das Frühstück
Weckst mich mit Kaffeegeruch und einem Kuss
Richtest die Betten
Lüftest das Zimmer
Und lächelst als würde es Dir Spaß machen.
Ich warte auf den Tag
Bis Dir der Kragen platzt
Und Dir Deine Freiheit bewusst wird
Bis dahin jedoch.......
Möchte ich mich still verhalten.

31
Kann es mir einfach nicht vorstellen
Sein Leben lang nur mit einer Frau zu vergeuden.
Sie jeden Tag im Bett zu haben
Jede Mahlzeit mit ihr zu teilen
Sehen, wie sie immer fetter wird
Ihre Stimme dauernd im Ohr
Ihre Haare im Waschbecken
Ihre Musik und ihre Bücher um mich
Und vielleicht irgendwann noch pflegen.
Kann es mir einfach nicht vorstellen
Mit dir vielleicht.

32
Ich bin ein Grieche, weißt Du es?
Ein Nachkomme von Platon und Aristophanes
Von Archimedes und Alexander dem Großen.
Von Leonidas und Odysseus.
Ich bin ein Grieche, weißt Du es?
Aus dem Teil Europas
Wo immer die Sonne strahlt.
Ich bin ein Grieche, weißt Du es?
Und habe Griechen gesehen
Die aus Pappbechern Sekt tranken
Die Knochen mit Messer und Gabel abnagten
Die Autos sahen und an UFOs dachten
Die „sumsum „ sagten und Bienen meinten.
Ich bin ein Grieche, weißt Du es?
Und es gibt Griechen
Die sich für einen Freund zerfleischen
Die ihre letzten Cent teilen
Damit andere zu essen haben.
Ich bin ein Grieche, weißt Du es?
Und wenn du mich liebst
Bitte dann mit allen Eigenschaften.

33
Ich hatte ausgerechnet,
Daß wir seit über einer Million Minuten
Zusammen sind.
Die meisten waren vergeudet
Aber diese wenige sind es
Die mich abhalten
Dich Ameisebären vorzuwerfen.

34
Sei doch endlich einmal -Du-
Zieh die Maske vom Gesicht
Du lügst doch
Du lügst doch mit allen deinen Gesten
Mit all deinen Blicken
Bekundungen.
Du schläfst sogar wie ein Lügner und
Stelzen, sind Deine einzigen Brücken.
Sei doch endlich einmal -Du-
Lass die Vorhänge runter
Der Applaus ist längst verstummt
Komm Komödiant
Allez-hopp
Es geht auch so
Verbeuge Dich ein letztes Mal
Um ewig aufrecht zu gehen.

35
Sie sagte:
" Weißt Du, dass wir uns gleichen"
Und ich stellte mir vor
Dass sie so wie ich sei.
Ich antwortete:
"Adieu für immer."

36
Beim durchblättern eines Wörterbuchs
Fand ich unter: - Prostitution - :
Dirnenwesen / Gewerbliche Unzucht.
Ich wurde neugierig und schlug - Unzucht - auf:
Unkeusch / schamlos / ausschweifend.
- Der eingebildete Kranke -
Hat mich genau so amüsiert.

37
Genug!
Soviel Zeit für die Müllkippe.
So viele Opfer und für wen?
Genug!
Mein Hirn arbeitet nur noch im Schongang
Und ich nehme die U-Bahn zum Westbahnhof
Warum soll ich da noch warten?
Genug!
Ausnahmsweise warst Du nicht darauf vorbereitet
Ich habe es satt
Sogar Dein Kopftuch aus Olympia
Genug !
Ich will die Suche nach mir aufnehmen
Adieu
Vielleicht bekommst Du eine Postkarte
Aus Thailand oder Bochum
Genug!
Und in meinen Erinnerungen
Bleibst Du als die Unvollkommene

38
Ich brauche Dich wie den Tag und die Nacht
Wie das Lachen
Ich brauche Dich so wie das Glück
Die Freude
Ich brauche Dich so wie das Leben
Wie die Liebe
Ich brauche Dich mehr als meinen Körper.

43

39
Ich fand Dich zwischen zwei Bieren
Und verlor Dich beim ersten Schnee.
Du fragtest nach Feuer
Ich machte einen dummen Witz
Und in der Nacht in Deinen Armen
War es wie bei meiner Geburt.
Als ich erwachte,
November war es, glaub ich
Sah ich neben mir
Die Vertiefung im Kopfkissen
Und aus dem Fenster die ersten Schneeflocken.

40
Neulich hatte ich wieder einmal
Diesen einen Brief zur Hand
In dem Du mir von Deiner Liebe sprachst
Damals hatte ich ihn noch
Mit Eau de Cologne getränkt.
Heute bin ich entschieden glücklicher
Weil er endlich zu etwas nütze ist
Wenn auch nur als Toilettenpapier.
Danke!
Zum ersten Mal riecht mein Hintern
Nach Kölnisch Wasser.

41
Du hattest Deine eigene Art
Doch genau das fesselte mich an Dich.
Jetzt, da ich bei der Endabrechnung bin
Möchte ich Dich nicht vergessen.
Wenn Du mich heute sehen würdest,
Wäre Deine erste Frage:
"Was macht Dein grüner Pyjama"
Deine Toleranz ist,
Was Dich unvergessen macht.
Vielleicht ist das Geheimnis
Eines glücklichen Beisammenseins
In vier Worte zu fassen:
-- Einander die Freiheit lassen. --

44

42
Hier nun
Hier wo alles begann, endet es auch.
In diesen vier Mauern fanden wir uns
Als die Welt ihr Licht erhielt.
Als Fremde trafen wir uns
Als Fremde gehen wir entzwei.
Das dazwischen war jedoch Alles.
Niemals stirbt ein Toter
Und nie habe ich dich weinen sehen
Hier nun,
Auf der Straße, die unser Spiegel war
Lebten wir wie der Marquis de Bon
Du nanntest mich immer Cyrano
Und ich gab Dir den Namen Bubulina.
Mit dem Instinkt einer Möwe
Setzten wir uns dem Schicksal entgegen
Um zu verlieren.
Hier leben die Zyklopen
Und das Meer ist hier Zuhause
Wie heißt du eigentlich?

43
Ich möchte mit Euch abrechnen
Ihr, die nur genommen und nichts gegeben.
Ab jetzt herrschen neue Gesetze
Ihr seht mich strahlen
Denn die Sonne
hat sich mir verschworen.

45

Ein übersprungener Tag

Die ersten Sonnenstrahlen
stehlen sich durch die Jalousien
Eine lange Nacht
Endet unverhohlen
Ein kleines Kind weint
Oder ist es nur der Schrei
Eines, der sich eine Injektion verabreicht.
Täuschend sanft sind die Klänge
Die mir anraten, den Tag nicht zu beginnen.

Die oberflächliche Art meines Herzens
Wappnet sich zur Umkehr
Und die Stimme des Kindes
Oder der Schrei des Fixers
Sind nicht mehr zu vernehmen.

Alles ist eins
Oberbürgermeister und Kranführer
Bäckerlehrling oder Staatssekretär
Zivildienstleistender und Hartz IV Empfänger
Moskitos wie Nashörner
Menschen, die beim Friseur sitzen
Oder die, die auf der Sterbebahre liegen
Der, der gerade das Siegestor schießt
Oder der, der von seinem letzten Beischlaf träumt.
Die Farben des Glücks
Sind Farben der Sehnsucht

Die schönsten Utopien enden
Wenn der Versicherungsvertreter vor der Tür steht
Sicherheit geht vor Phantasie
Und ich denke nicht mehr
An die Gesichter der Stadt.

Es gibt keine einfache Antwort
Auf komplizierte Fragen
Und wie jede einfache Antwort, wäre diese falsch.

46

So, wie die Augen, die sich
In die Seele bohren, um die
Sehnsucht zu erkunden.

Angst war mir immer ein Fremdwort
Und trotzdem mein Wegweiser.
Angst um meinen falschen Heldenruhm.

Vorwärts, ihr Schwachen und Bedürftigen
Vorwärts, ihr Narren
Ich lenke Euch aus sicherer Entfernung
Ins Verderben.

Der Schlaf von Unfähigen
Könnte als Winterschlaf dienen
Und einen Bruchteil von meinem Glück
Spende ich an UNICEF in der Erwartung
Eines Seelenheils.

Es wird Zeit, über uns zu sprechen
Und ich sehe durch eine hell leuchtende Kerze
Verschwommen und fühle mich stolz
Keine Erinnerungen zu haben.

Bin so stolz, stundenlang von Dir
Geträumt zu haben.
Bin so stolz, tagelang auf Dich
Gewartet zu haben.
Bin so stolz, mich im Namen des Wahnsinns
Stolz zu nennen.

Als ich fror, reichtest Du mir Deinen Mantel
Und mir wurde noch kälter.
Als ich hungerte, gabst Du mir zu essen
Und ich wurde hungriger
Im Traum
Erlebe ich alles so unnatürlich intensiv
Da ich nichts nachholen kann.

Den Wendepunkt im Leben
Wo es anfängt, nicht mehr richtig zu laufen
Habe ich längst bemerkt.
Draußen steigt die Sonne auf
Und ich träume mich wieder einmal fort.
Dort weit weg, in dem Ort
Der zeitlos die Anarchie bewacht.
Und beschließe, die Moral zu verteidigen
Die Staatsrichter einem auferlegen

-Die Welt ist männlich – sagtest Du
In der Unwirklichkeit des Zusammenlebens.
Ist das Ende eines Beginns
Ein neues Empfinden ohne Warnung ?
Lass uns die Zeit anhalten
Und sage mir
Ob Du auch so traurig bist wie ich?

Wir haben keine Worte mehr für einander
Und geduldige Umarmungen
Sind lediglich
Die Offenbahrung einer Lächerlichkeit

An klaren Tagen
Die es auch gab, hier gebe ich Dir recht
Hatten wir die Leichtigkeit der Schwermut
Auf unserem Banner verewigt
Jetzt
Sind die Tische öde
Die Stühle leer
Die Tränen nicht vertrocknet.
Und wenn Du mich morgen anrufst
Erzähle ich Dir
Von einem übersprungenen Tag.

Telepathische Mitteilungen

Ein Romantiker

Er wird seine Handschuhe nehmen
Ohne sie geht er nie aus
Um sich in einer Kneipe
Einen gemütlichen Platz zu suchen.
Dann überdenkt er seine Fehler
Weint sich nach dem x-ten Bier eine Runde aus
Um seine Handschuhe zu nehmen
Um nach Hause zu seiner Frau zu gehen.
Er nennt sich selbst sentimental
Und glaubt, dass sein Hass
Eine Art Weltanschauung ist
Er jammert nicht
Kann ja doch nichts ändern, sagt er
Und vespert abends
Einen Fruchtjogurt mit Zwieback

Ein Überzeugter

Ganz zu Beginn
Warst Du so zurückhaltend
Dass ich fast an einen Fehlgriff dachte.
Jetzt, da ich überzeugt bin
Dass ich Alles wiederholen würde
Jetzt weiß ich
Du warst die richtige Frau für mich
Du hast gelernt
Mir Schmerzen zu bereiten
Was keine zuvor vollbracht hat.

Ein Williger

Du wolltest Grenzen
Jetzt hast Du sie.
Du wolltest Abstand
Jetzt hast Du ihn.
Du wolltest Reichtum
Jetzt hast Du ihn.
Du wolltest Ruhe
Jetzt hast Du sie.
Du wolltest Ehre
Jetzt hast Du sie.
Du wolltest Luxus
Jetzt hast Du ihn.
Du wolltest Liebe
Du hattest sie.

Ein Vergewaltiger

Wenn Du jetzt sterben würdest
Hätte ich nichts einzuwenden
Bring Dich doch um meinetwillen
Vielleicht fühlst Du Dich dann besser.
Heute hat jeder seine Grenzen
Es gibt keine Schwüre mehr
Keine Gebete
Alle Vögel sind am Sterben
Und werden Wasserstoffatome.
Es gab eine Zeit
Da hätte ich den Himmel rot angemalt
Wie gesagt, es gab diese Zeit.

Der Rache zuliebe
Vergewaltigte ich dich im Traum.

50

Ein Kleinbürger

Das wahre Existieren
Meint mein Freund der Kleinbürger
Ist das Bürgertum
Und da ich Bürger bin
Muss ich mich anpassen können.
Immer, wenn mein Freund so anfängt
Erzählt er vom Unrecht
Dass dem Dritten Reich
Widerfahren ist.
Er öffnet dann seine Geldbörse
Um das Bild irgendeiner
Witzfigur zu betrachten
Und ist traurig.

Immer, wenn es soweit ist
Schleicht er nach Hause
Um sich eine Zigarette anzuzünden
Und heimlich zu onanieren.

Ein Kirchgänger

Ganz gleich wie es anfängt
Es endet mit Hass
Und ich spüre Deinen Hass
Deinen nichts sagenden Blick
Außer
--Ich hasse dich –
Und ich tat Dir nichts
Nichts weiter, als jeder vor mir
Wieso soll ich vollkommen sein?
Heute ist Sonntag
Ein wirklich schöner Tag!

Ein Frager

Frag nie nach dem Warum
Belasse es, wie es ist
Schau nicht einmal die Wolken fragen
Warum sie so hoch und wir hier unten
Auf die Erlösung warten.
Wir wurden versklavt
Und sehen nur durch Ketten
Die andere Schmuckstücke nennen.
Frag nie nach dem Warum
Und Du wirst sehen
Die Antwort wird Dich überholen.

Ein Anarchist

Mein Freund, der Anarchist
Schläft grundsätzlich auf dem Boden
Er hasst es
Traumtänzer genannt zu werden.
Er isst nur ungeschälte Äpfel
Und trinkt puren Wodka
Echt Gorbatschow, versteht sich.
Über seinem Arbeitsplatz hängen zwei Poster
Das von Fidel Castro neben dem von Veronika
Feldbusch
Seine Freundin Jenny
Darf keine Damenbinden tragen
Sie erinnern ihn an Ketten
Und er möchte frei sein
So frei wie ein Kieselstein im Brunnen.
Abends dann,
Legt er sich auf eine Strohmatte
Auf einem Zwieback kauend
Und spinnt die große Weltrevolution
Mit Reißnägeln

Ein Monroe Fan

Einmal möchte ich
Marylin begegnen
Zwei Tage vor ihrem Tod
Ich würde sie umstimmen wollen
Würde ihr vieles sagen
Um mit ihr in einer Bar zu landen
Einige Whiskys zu schlürfen
Und sie dann ihrem Schicksal zu überlassen.

Ein Krieger

Heute führen wir Krieg
Gegen unsere Feinde
Und morgen verkaufen wir ihnen Waffen
Damit sie sich erholen können.

Heute lieben wir uns
In allen Versionen
Und morgen erinnere ich mich
Nur noch, wie ich eingeschlafen bin.

Heute halten wir uns
Mit Wörtern wie Ketten
Und morgen beuten wir uns aus
Indem wir uns verachten.

Heute ist
Don Quijotes Geburtstag
Und morgen
Jagen wir Windmühlen

Ein Werbefachmann

Was empfinden Sie beim Orgasmus
Hören Sie während dem Geschlechtsakt Musik
Und wenn, Bach oder Mozart
Pink Floyd vielleicht ?
Machen Sie es traditionell
Oder abstrakt ?
Sind sie lieber oben oder unten
Essen sie vielleicht etwas zwischendurch
Halten Sie dabei die Augen offen
Oder beißen Sie an Ihren Fingernägeln.
Was halten Sie
Vom gleichgeschlechtlichen Beischlaf
Kennen Sie ihn?
Machen Sie es mehrmals am Abend
Wie oft im Monat ?
Es gibt Leute, die lesen nebenbei
Sie auch ?
Mögen Sie die Nationalhymne?
Sind Ihnen Kirschen lieber als Aprikosen?
Füllen Sie den beiliegenden Bogen aus
Und wenn Sie unter den ersten zweihundert sind
Schicken wir Ihnen
Zwei Flaschen echten tibetanischen Reiswein.

Ein Sünder

Wenn Du sie haben willst
Nimm sie Dir einfach!
Und ich tat es
Tat es
Tat es nicht!

54

Ein Advokat

Bald werde ich es satt haben
Von Liebe zu sprechen
Überall Flaggen des Krieges
Unwissenheit
Und Du irgendwo in der Ferne
Schickst mir Mitteilungen
Durch Telepathie.
Ich will mich bemühen
Die Liebe zu töten
Eine Liebe, die nur vom Feuer umhüllt ist.
Ich hörte die Nachtigall
Zum ersten mal in Deinem Zimmer
Steh bitte auf
Ich verschiebe die Hinrichtung.

Ein Handlungsreisender

Reisende soll man ziehen lassen
Geh und schließe die Tür
Wir haben keine Sprache mehr
Nur noch die
Die man in Filmen sieht.
Du wirst gehen
Ich werde mir einen antrinken
Versuchen, eine für die Nacht zu finden
Um am nächsten Morgen
In irgendeinem Bett aufzuwachen.
Geh und vergiss
Die Stunden die ich um Dich weinen werde.

Träume töten ohne Warnung

1
Ist doch merkwürdig, oder
Wir wissen, dass wir uns lieben
Und trotzdem haben wir nicht den Mut
Einander --komm-- zu sagen.

Wie lange ist es her?
Drei Tage oder fünf Jahre
Sind vielleicht nur Stunden vergangen
Die Zeit ist nicht mehr messbar.

Nimm deinen Mantel.
Schwing deinen Schal um
Und lass uns
Richtung Zukunft gehen.

2
Er sagte:
In vierundzwanzig Stunden hast du alles
Was Du Dir je erträumt hast
Sie war still
Sprach nur leise seinen Namen.

Er nahm seinen Aktenkoffer
Und sprang mit fremder Hilfe
Aus dem siebten Stock.

3
Und sie bog um Null Uhr acht
Um die zweite Ampel rechts
Während ich die A8 weiter fuhr
Ohne zu wissen, was passiert ist.

4

Ich saß bei einer Tasse Kaffee
Dein Bild betrachtend
Dieses mit der Rose
Und dachte, dass Dich Stefan Zweig gekannt haben
Müsste.

Mittags beim Essen
War mir das Bild schon langweilig
Und ich stellte mir vor
Wie Du jetzt herein kommen würdest
Mit einer Rose in der Hand
Und dachte, dass Dich Knut Hamsun gekannt haben
Müsste.

Am Abend
Wurde mir bewusst: - Wieder ein verlorener Tag.
Wieder einmal ein Tag ohne Deine Umarmung
Und dachte, dass Dich Prevelakis gekannt haben
Müsste.

Als ich am nächsten Tag
Am Frühstückstisch bei einer Tasse Kaffe saß
War das Bild nicht mehr da.

5

Du hattest wieder einmal
Dein Donnerstagsgesicht auf
Diese Miene, die nur mir
In den letzten sechs Monate gehörte.

Wir sprachen über unsere Zukunft
Wenn es überhaupt eine solche gibt
Und da bemerkte ich
Dass Du genau so verletzbar bist
Wie jede vor Dir.

6

Du hattest um Bedenkzeit gebeten
Und wolltest nach einer Woche
Auf meinen Vorschlag eingehen.
Ich sagte OK.
Wer so viele Jahre warten kann
Wird sieben Tage auch überstehen.

Und die Woche verging
So wie all die Wochen vorher
Und Du sagtest
Ich bin noch nicht so weit
Und wieder sagte ich OK
Und dazwischen
In der Gedenkminute des Wartens
Erlebte ich die Notwendigkeit
Die Flucht zu ergreifen.
Zum ersten Mal in meinem Leben.
Zum ersten Mal.

7

Ich hatte sie mir anders vorgestellt
Nicht so groß
Und etwas rundlicher um die Hüfte.
Jetzt, da sie neben mir saß
Konnte ich auch Ihre sanfte Stimme richtig
Einordnen.

So saßen wir fast drei Stunden
Sie, die ich nur vom Telefon kannte
Und ich mit meinen Versuchen
Das Treffen kurzweilig zu gestalten.
Es ist doch schön
Erfolg bei Frauen zu haben
Dachte ich
Als sie mir zum Abschied einen Kuss gab
Und ich dabei die Erleichterung spürte
Dem Ganzen ein Ende bereitet zu haben.

8
Das Aufstehen ist idiotisch
Das Lesen der Zeitung ist idiotisch
Frühstücken find ich idiotisch
An die Frau die man liebt, - denken – idiotisch
Träumen ist idiotisch
Suchen......idiotisch.

Das ganze Gerede vom Frieden ist idiotisch
Bürgerinitiativen find ich idiotisch
Zucker im Kaffee, idiotisch
Ein Kuss? Idiotisch!

An Dich denken, bis Kopfschmerzen kommen,
Idiotisch
Sehnsucht nach Dir spüren ist idiotisch

Ich bin so gern ein Idiot.

9
Alles schon mal gehört.
Politik
Menüs mit acht Gängen
Liebe
Alles schon mal gehört.

Hunger in der Welt
Liebesnächte ohne Ende
Hinrichtungen auf dem elektrischen Stuhl
Alles schon mal gehört.

Rolling Stones und Herbert Grönemeyer
Ausflugsdampfer auf der Saar
Labyrinth von Knossos.
Alles schon mal gehört.
Es langweilt mich.

10
Weißt Du, sagte sie
Während sie sich fürs Kino ankleidete:
Du trägst die falschen Klamotten.
Spencer und Jacquard Pullover sind -in-
Heute trägt man free style
Und weite, gekreppte Sommerhemden.

Weißt Du, sagte sie
Während sie sich immer noch zurechtmachte
Dein Rasierwasser ist matt
Heute hat man Lacoste Duft
Oder Karl Lagerfeld
Na ja, Boss als Alternative.

Weißt Du, sagte sie
Und sie betrachtete sich vor dem Spiegel
Ich versuche dir etwas Jungsein zu vermitteln
Doch du schließt alles aus.
Weißt Du, es macht keinen Spaß mehr mit dir.
Ich möchte wieder einmal asiatisch essen gehen
Oregano -Gerüche wahrnehmen
Ofenfrische Pizzen serviert bekommen
Und die neue Galerie besuchen.

Und dann öffnete sich die Wartezimmertür
Und die Sprechstundenhilfe sagte:
"Der nächste bitte."

11
Lass uns zu Fuß nach Frankreich laufen
Lass uns nach Afrika oder Australien gehen
Nur Du und ich.
Und zwischen Bochum und Gelsenkirchen
Wechseln wir die Spur
Fahren Richtung Saarbrücken
Um Deine Schminktasche zu holen.

12
Ich legte mich ins Bett und sagte, ich bin müde.
Während Du noch den Krimi sehen wolltest
Du hast mich zugedeckt
Gabst mir einen Gutenachtkuss
Und ich wusste, irgendetwas stimmt nicht.

Ich fragte Dich, ob etwas wäre
Du sagtest, nein
Und Dein Blick ging Richtung Fernseher.

Am nächsten Morgen, war es wie immer,
Stand leise auf, um Dich nicht zu wecken
Du lagst da im Bett, halb bedeckt.

Am Abend
Warst Du nicht mehr da.
Im Abschiedsbrief stand lediglich:
--Tschüss, mach's gut....
...in der obersten Nachttischschublade findest Du
Die Reste deiner Gefühle.-

13.
Zum hundertsten Mal
Las ich Deinen Brief vom letzten Donnerstag.
Und eine Passage werde ich nicht vergessen.
Da hast Du geschrieben:
Weißt du, was ich morgen meiner Kollegin sage? Ich
Werde sagen,
Ich werde diesen phantastischen Mann wieder
sehen und werde ihn dann vergewaltigen!!
(Ob er will oder nicht)

Leg den Hörer auf und komm.

14.
Hast Du es Dir so vorgestellt?
Aufstehen
Frühstücken
Jeder in sein Auto
Arbeiten
Nach Hause kommen
Abendessen
Schlafengehen.

Hast Du es Dir so vorgestellt?
" Der neue Scorcese läuft im Rex"
" Kein Interesse "
" Gehen wir heute chinesisch essen?"
" Kein Interesse "
" Kommst Du mit zum Fußball"
" Kein Interesse "

Hast Du es Dir so vorgestellt?
" Der Mülleimer ist voll!"
" Der Haken an der Wand ist los!"
" Das Küchenfenster muss man streichen!"

Hast Du es Dir so vorgestellt?
Sich anfassen
Kleidung schön säuberlich über den Stuhl
Drei heiße Küsse
Heftige Energiestöße
Ausatmen
Fragen, ob der andere fertig ist
Aufstehen.

Hast Du es Dir so vorgestellt?
Hast Du es?

15.
Es gibt die, die meinen
So zu sein, wie wir sind.
Und es gibt die, die versuchen
So zu sein, wie wir waren.
Wie töricht, nicht wahr.
Und wir erhaben über alles,
Wie die Drei aus dem Morgenland.

Es gibt gewisse Momente
Und da glaube ich
Dass ich mit Dir alles tun könnte.
Und dann wiederum
Merke ich, dass ich mich völlig
Deinem Willen unterwerfen würde.
Wir sind uns einig
Dass es die Ewigkeit nicht gibt
Aber sind es nicht die heimlichen Stunden
Die uns soviel bedeuten?

Als ich das erste Mal mit Dir schlief
Da war es, wie wenn ich ein Kapitel
Abhaken würde.
Kannst Du unter dem Begriff
Vier Komma zwei was anfangen?
Eines vorweg,
In dem Komma zwei bist Du!

Komm näher, sei nicht scheu
Und wenn Du Dir nicht sicher bist
Gibt es zwei Möglichkeiten:
Entweder wir vergessen Alles und Alle
Oder wir bleiben weiterhin
Sklaven der Intoleranz.
Jetzt bist Du dran.

Uns bleiben die Minuten am Telefon.
Man kann sie nicht leugnen
Genauso wie die Besuche in F.
Ich liebe F.

63

Fast wie ich Dich liebe
Dich, die ich vielleicht nie haben
Aber der ich ein Leben lang huldigen werde.

Ich schließe die Augen und sehe Dich
Und immer muss ich daran denken
Wie schön Du bist
Wie abgöttisch schön.
Zum Verbieten schön.

Und dann sehe ich Dich im Traum
Wie Du auf mich wartest
Und male es mir so plastisch vor,
Dass es weh tut, wenn ich den Hörer auflege.
Ich sehe Dich auf mich wartend.
Leonard Cohen ist zu hören
Dann erschreckst Du die Welt.
Sagst, Scheiß die Wand an
Und die Romantik stirbt.

Immer, immer wieder warte ich auf Dich
Und dieses Warten wird zur Entfaltung
Die Minuten zum offenen Wort
Und Du kommst
Mit fünf Spangen
Als hättest Du alle Kontinente in deinen Haaren
Verstehst Du mich jetzt?

Du atmest dieselbe Luft
Und meine Tage und Nächte
Sind zu Deinen Sklaven geworden
Deine Schönheit beherrscht alles.

Hoffnungen sind stets erfolglos
Und Träume töten ohne Warnung.

Ich bin unsagbar müde
Zu müde, um gegen Windmühlen zu kämpfen
Aber jederzeit bereit
Dein zu sein.

Teilvisum zur Vollkommenheit

1
Wieder wird es Abend
Und wenn die Sonne weicht
Kommen die Stunden
Mit denen ich nichts anfangen kann.

Die Einsamkeit nennt mir meine Fehler
Und erinnert mich an all die Tränen
Die ich nicht vergossen habe.
Sie flüstert mir Worte zu
Die nie von meinen Lippen kommen
Und mir wird bewusst
Dass mir Deine Nähe fehlt.

Wieder wird es Abend
Und wenn die Sonne weicht
Kommen die Stunden......

2
Wie ein einsamer Baum
Ohne Blätter und Geschichte
Habe ich mich gefühlt.
Und so erkannte ich in deinen Augen
Diesen Weltschmerz.

Mit tausend Farben bemaltest Du
Die Hoffnungen
Und ich liebkose den Telefonhörer
Wenn Du am Sprechen bist.

3
Vielleicht sind wir einander
Durch einen Fluch verbunden
Der 1789
Oder einen Tag später ausgesprochen wurde.

4
Die Tage vergehen schnell
In den verwunschenen Herzen
Und die Träume treffen sich wie immer
Am Bahnhof
Erfüllt von Tristesse
Wenigstens dort.

5
Du hast mich gelehrt, die Blumen zu verstehen
Du hast mir vom Leben vorgesungen
Vom Frühling
Du brachtest mir den Mond
Aus der Tiefe des Meeres
Du gabst mir Nektar von deinen Lippen
und sagtest: Denke positiv.
Denke positiv.

Du, die mir das Leben verschönert
Du, die mir Balladen beibringt
Du besiegtest die Traurigkeit mit einem Lächeln.

Du, die mich die Liebe lehrte
Du, die Wunden heiltest
Zähl die Abendstunden
Und komm.

6
Man gibt sich so viel Mühe
So zu sein
Wie es Andere möchten.
Hält Richtlinien ein
Die im Alltag verwischt werden
Und liebt Orte
Die 477 m über dem Meeresspiegel liegen.

7

Du sprichst vom Universum
Von Planeten und Astronauten.
Du zeigst mir die Grenzen
Und bevor ich mich der Lüge hingebe
Bitte ich um
Ein Teilvisum zur Vollkommenheit.

8

Die Einsamkeit meines Zimmers.
Der Weg ist lang
Wirst Du heute anrufen?
Da die Schrankwand, die Bücher
Die Zeitschriften, das Bild von
Carlos, Harry und mir.
Das Fernsehgerät, die Stereoanlage,
Ein Buch von Zweig.
Daneben eins von Hamsun.
Wirst Du heute anrufen?

Da sind einige Gläser,
eine halbvolle Flasche Ouzo.
Eine griechische Statue und eine Ikone.
Die Sitzgarnitur ist da und der Tisch
der Hund, drei CDs
Wirst Du heute anrufen?

Da ist der Blumentisch, der Katzenkorb
Der Heizkörper und das große Fenster.
Wie unwichtig all das
Wenn Du mich heute nicht anrufst.

9
Du suchst die Liebe
Und findest sie dort
Wo sie von Ängsten umzingelt.

Warum gibt es keine klaren Richtlinien
Sie dort
Du da
Beisammen hier.

10.
Wo ist Sie?
Fragte ich den Spiegel.

Wie die Sonntage sich ähneln
Auf den Straßen die Liebenden
So wie immer
Und irgendjemand fragt mich
Wo sie ist.
Doch ich.
Ich schweige.

11
So ist es, sagtest Du
Die Entfernung ist Medizin
Doch ich bin immer in Deiner Nähe
Gib es zu.

So ist es, sagte ich
Die Zeit heilt alles
Doch Du bist immer in meiner Nähe
Ich gebe es zu
Ich begehre Dich
So wie niemals zuvor.

12
Wenn die Lieder singen könnten
Würden sie von Dir singen
Wenn die Rosen einen Duft hätten
Würden sie Deinen nehmen
Wenn die Zärtlichkeit nach Zärtlichkeit suchen würde
Würde sie zu Dir kommen.
Wenn die Dunkelheit Licht suchen würde
Würde sie Deines nehmen
Wenn die Geborgenheit sich suchen würde
Würde sie, sie bei Dir finden.
Wenn die Zuflucht eine Zuflucht suchen würde
Würde sie zu Dir kommen
Wenn die Menschen nach dem Lachen suchten
Würden sie es bei Dir finden.

Und heute
Offenbare ich Dir mein Geheimnis
Wenn die Liebe eine neue Dimension suchte
Würde sie meine nehmen.

13
Wenn die Züge einfahren
Sehe ich küssende Liebespaare.
Ich weiß, dass Du fern bist
Und trotzdem suche ich Dich in der Masse.

Wie wahr.
Ich weiß, was Du fühlst
und erkenne meine Grenzen.
Schick mir Deinen Geist
Und küss mich ein letztes Mal.

14
Aus Liebe stirbt man nicht.
Ich kann sicherlich
Auch ohne Dich leben
Und trotzdem
Würde mein letztes Wort, wenn es so weit wäre
Dein Name
Sein.

15
Ich möchte Dich das Träumen lehren
Die Phantasie
Ich möchte Dir meine Lyrik erklären
Ohne Worte
Ich möchte Dir den Himmel beschreiben
Ohne Fragen
Ich möchte Dir das Leben erklären
Ohne Hass.

Als Gegenleistung
Bitte ich Dich
Mir die Liebe
Näher zu bringen.

Irgendwo zwischen Realität und Traum

1

..............und bestätigt seine Dummheit
Mit dem Satz :
" Ist für mich zu kompliziert"
Und zieht danach sein Diktatorgesicht auf
Um mit seiner Frau ins Bett zu gehen.

2

Und wenn sie keine Argumente mehr haben
Beginnen sie um sich zu schlagen.
Immer dann
Kratzen sie sich zwischen den Beinen
Und träumen von ihrem Reich
Das totgeboren
Nie auferstehen wird.

3

Ich träume so gern von meinem Tod
Damit ich das Leben meistern kann.
Versuche neue Dimensionen zu finden
Die nie sichtbar werden.

Es ist doch lächerlich
Wie sich manche anstrengen
Um mein Leid zu erkunden.

Es lebe die Freundschaft
Dieses Gespenst
Das wie eine Mohnblume
Jedem Gewitter die Brust zeigt
Und sich der Stummheit widersetzt
Um zu schweigen.

4

Er hält sich heute noch für sehr
Bevorzugt, weil er Ende 44 irgendeiner
Witzfigur die Hand reichen durfte.

Heute ist er einer von Millionen
Schimpft auf Alle und Alles und ist
Für die Wiedereinführung der Todesstrafe.

Er hält sich heute noch für sehr
Bevorzugt, und organisiert Butterfahrten
Ins Sauerland.

5

Es lebe der Nehmer
Der unantastbare unermüdliche Egoist
Der in die Masse blickt
Und nur sich sieht.

Es lebe der Harte
Der ewige Sieger
Der oberste auf dem Podest
Der König aller.

Es lebe der Ewigkluge
Der mit einem Satz einen Roman erzählt
Mit einem Blick einen Film kritisiert.

Es lebe der Mann
Der die Frauen regiert
Der unermüdliche Befriediger
Die Kraftmaschine.

Es leben alle
Die nie Mensch waren
Sondern Menschen nur benutzen.

6
Eines Tages
Gehe ich zurück
Wenn ich den Weg finde.

Eines Tages
Gehe ich nach vorn
Bis ich den Weg erreiche.

Eines Tages
Bleibe ich
Um überall gewesen zu sein

7
War es rot oder grau
Beige vielleicht.
Die Farben sind verwischt
Fast wie der Schwur
Auf Heimat und Treue.

Du hast fast zwanzig Namen,
Zehn oder noch mehr Gesichter
Doch keine Opfer
Die Du den Göttern anbieten kannst.

Als Mensch wurde ich geboren.
Als Mensch versuche ich zu leben.
Und als Mensch möchte ich sterben.
Erkennst Du den Unterschied.

War es rot oder grau
Beige vielleicht.
Oder war es nur ein Hauch
Zwischen getrockneten Blättern.

8
Wieso hast Du mir nie von Deiner
Einsamkeit erzählt.
Wieso hast Du mir nie die Gräben gezeigt.
Wieso hast Du mir die Logarithmen verschwiegen.

Sprich nicht von damals
Nicht jetzt und nicht heute!
Das Damals war niemals vorhanden.

Du hast mir alles vorenthalten
Wie Deinen Körper
Den Du jetzt zu Markte trägst
Wie andere Kartoffeln.

Sprich nicht von damals.
Du nicht!

9
Das Kennzeichen des Krieges
Ist die Langeweile
Gähnen
Blut
Schreie
Tod.

Auf, ihr Soldaten
Voran zum Massaker
Bringt Feuer und Glut
Verrichtet die Befehle
Und versucht zu lächeln
Für die Verwandten zuhause.
Ihr langweilt mich so
Wie tote Ameisen.

10
Du bist ich
Ich bin Du
Du und ich sind wir
Wir sind Du und ich.

Es gibt kein nur "Ich"
Und es gibt kein nur "Du".
Du hast Deinen Körper und meinen Geist.
Ich habe meinen Körper und Deinen Geist
Also bin ich Du
Und Du ich.

Du sprichst von einem Eigenleben
Das es aber nicht geben kann.
Wenn Du durch mich denkst
Und ich durch Dich atme.

Es gibt Vereinbarungen
Und es gibt Beziehungen
Es gibt auch Verträge
Und es gibt die Selbstaufgabe
Lass uns wählen.

11
Ich möchte
Allzu gern wissen
Wie sich ein König
In der Toilette benimmt
Um mich einmal mit einem Herrscher
Solidarisch zu erklären.

12

Er kaufte sich einen zwei Meter langen Strick,
Fuhr mit einem Taxi zweimal
Quer durch die Stadt
Um sich für ein letztes Mal alles anzuschauen.
Dann erhängte sich um 4.20 Uhr
An einem Kastanienbaum.

Das war vor fünf Jahren.
Damals das Stadtgespräch!
Und heute ist er nur eine Regenrinne
Zwischen Blockhütten.

Ich erinnere mich an ihn mit Wehmut.
Seine Zufluchtswelt ist uns allen überlegen
Denke ich,
Während ich aus dem Hotelfenster
Die Hektik betrachte.

13

Neben Dir
Vergaß ich, dass es noch andere Frauen gibt.
Und für Dich möchte ich alles sein.
Dabei weiß ich nicht
Ob die Folter ein Trost ist.

Neben Dir
Vergaß ich, dass es noch andere Frauen gibt.
Weil Du so sanft wie eine Wolke
Und so lebendig wie eine Rose bist.
Nein, der Mond ist auch nicht mein Trost.
Neben Dir
Vergaß ich, dass es noch andere Frauen gibt.
Weil auch nur ein Mond und eine Sonne
Sichtbar sind.
Und ich bringe Dir täglich meine Gabe
Die Du um 6.20 Uhr
zum Leben erweckst.

76

14
Irgendwo zwischen Realität und Traum
Wirst du erkennen, dass das Kino
Nicht einfach Kino ist.

Versteck Dich für zwei Stunden
Und sei ein Held oder die Begehrte.
Sei wie Du willst
Und kaufe Dir für fünf Euro
Den Schlüssel des Ausgelassenseins.

Irgendwo zwischen Realität und Traum
Erkennst Du
Dass nicht nur Indianer
Oder Klöpplerinnen
Um ihr Leben kämpfen.

Stirb, Du Narr!

Gebete

1
Man hat uns das Fürchten gelehrt
Genau so wie das Schreiben
Damit sie mit uns
All die kleinen Spiele treiben können
Die am Rasierpinsel haften
Wie das Lächeln der Mona-Lisa

2
Einsam durch verregnete Straßen gehen
Keinen Laut vernehmen
Außer
Wenn irgendein Mülleimer umgeworfen wird
Und denken
Jetzt bin ich ein Herrscher!
So und nicht anders
Muss sich S. L. gefühlt haben
Als sie sich kopfüber
In den Neckar stürzte.

3
Ich fürchte mich
Und gebe es offen zu
Ich fürchte mich von dem Tag
Wenn Du nicht mehr hier bist.
Und es ist wie ein leises Sterben
Ohne Klageweiber.
Derjenige, der eine Liebe tötet
Sollte vorbehaltlos
Von dem Tag an
Als Spinne leben.

4
Fahren verboten
Betreten verboten
Lärm verboten
Baden verboten
Sprechen verboten
Lieben verboten
Lachen verboten
Leben verboten
Morden erlaubt
Stehlen genehmigt
Unzucht erwünscht
Weinen empfohlen
Kranksein bewundert
Sterben
Sterben
Sterben.

5
Du bist so zärtlich wie eine Wolke
Und so aufbrausend wie ein Orkan
Bleib wie Du bist
Und die Menschheit existiert
Nur um Dir zu dienen.

6
Wenn Du mich manchmal
Aus der Tiefe Deiner Seele anschaust
Empfinde ich das Gefühl
Das Julia spürte
Als sie das Gift nahm

7
Die Liebe beginnt dort
Wo der Egoismus endet.

79

8
Selbstgespräch :
Na, siehst du, da ist er
Die einzige Größe, der Mensch
Die alle gute Eigenschaften besitzt.
Schau ihn an, diesen Burschen
Schön, intelligent, stark, mutig.
Schau ihn doch nur genauer an
Merk dir seine feinen und ausgeprägten Züge
Bewundere seine Ausstrahlung
Habe ich zuviel gesprochen
Ist er nicht wahrhaftig das
Was Frauen genauso
Wie Generäle bewundern.
Hoch lebe der letzte Supermann
Oder
Halts Maul, du Arschloch

9
Du bist schon so viel Frau
Dass Du mich dazu gebracht hast
Dir zu dienen
Und trotzdem das Gefühl zu haben
Dein König zu sein.

10
Ich möchte Dir ein Gedicht widmen
Eins, das Jahrhunderte überlebt
Unsere Nachkommen sollen es
In Lesebüchern vorfinden
Troubadoure sollen davon singen.
Ich möchte Dir ein Denkmal
Aus Buchstaben setzen
Um Deine Herrlichkeit zu preisen
---- Ich liebe Dich ----

Angst vor dem Morgen

Montag

Ich zähle die Stufen
Die zu Deinen Augen führen
Und versuche
Gute Nacht zu rufen.
Die Finsternis dient mir als Verkleidung
Und so wollte ich Dich verblüffen.

Solange eine Zukunft möglich ist
Kann es keine Schlusskapitel geben.

Manche haben es leicht
Und Schmerzen sind stets
Symbole der Sensation
Ich jedoch
Bekämpfe meine Angst
Mit einem hölzernen Schwert
Und meinen zerbrochenen Flügeln
In der Hoffnung, Dich zu erreichen

Dienstag

Lass mich nicht der Eilzug
Sondern der Bahnhof sein
Um Dich zu lieben, solange
Es einen Schöpfer gibt.

Mittwoch

Vielleicht wirst Du nie
Spüren, wie sehr ich Dich liebe
Vielleicht wirst Du nie
Merken, wie ich Dich brauche
Vielleicht wirst Du nie begreifen
Dass ich nie an Dir zweifelte
Trotzdem
Ewig werde ich nach Dir suchen.
Unzählige schlaflose Nächte weinen

Vielleicht wirst Du nie
Das Gefühl verspüren
Vielleicht wirst Du nie
Die Liebe geben können
Vielleicht wirst Du nie
Deine Angst überwinden
Trotzdem
Ewig werde ich Dich lieben
Unzählige schlaflose Nächte weinen

Donnerstag

Warum endet alles, was so schön begann?
So etwas müsste doch ewig
Seine Daseinsberechtigung haben.

Im Winter warst Du meine Winterliebe
Im Sommer bist Du meine Sommerliebe
Diese Welt scheint mir viel zu klein
Für mein Empfinden für Dich.

Es regnet.
Spürst Du es?

Freitag

Nachts schleiche ich mich
In die Hotelzimmer, die wir bewohnten
Dein Duft ist noch allgegenwärtig.
Im Badspiegel sehe ich in Deiner Handschrift
„ Ich habe Angst vor dem Morgen „

Glaube mir, ich auch.
Ich habe Angst vor dem Morgen
Der dem Gestern gleich sein wird

Ich habe Angst vor der Melancholie
Ich habe Angst vor der Sehnsucht.

Ich habe Angst vor dem Morgen
Der keinen Neubeginn ankündigt
Und sehe Deine Handschrift
Schatten und Geister.

Nachts schleiche ich mich
In Deine Gedanken ein.
Liege neben Dir im Bett
Für Sekunden gehörst Du mir.

Samstag

Bin ein ruderloses Boot
Weit entfernt von jedem Ufer
Weit entfernt von der Liebe.

Die Sonne brennt erbarmungslos
Und um mich nur Leere
Du bist weit, so weit weg
Und ich bin so durstig nach einem Wort.

Du bist das große tiefe Meer
Und ich der Reisende ins Niemandsland.
Ohne Seekarte und Kompass
Unsere Liebe ist ein Feuer
Der Hunger unsere Umarmung

In einem Ozean allein
Weit von jeder Insel
Weit von Dir
In einem ruderlosen Boot
Hoffe ich, dass mich Dein Blick erkennt.

Sonntag

Wo ich mich auch befinde werde
Mit wem ich auch immer zusammen bin
Du wirst immer mein Leben sein.

Niemals werde ich Dich vergessen
Solange die Sonne scheint
Solange die Welt sich dreht.

Du bist wie ein Messer
In einer offenen Wunde
Ich bin Dein Schatten geworden
Und folge Dir überall
Ein Feuer, das nicht ausgeht
Solange es Liebe auf der Erde gibt.

Wo ich mich auch befinde werde
Mit wem ich auch immer zusammen bin
Du wirst immer mein Leben sein.

Ich habe Angst vor dem Morgen
Unbarmherzige Angst.

Wo Leben war, wird Leben entstehen

1
So wie die Sonne
Sind alle Stadtteile gleich.
Alle unter demselben Himmel,
Den gleichen Sternen.
Die Hütte neben dem Palast.
Der Polospieler neben dem Leprakranken.
Ich habe noch niemals einen
Brunnen ertrinken sehen.
Alle Brunnen sind tief.
Alle Stadtteile gleich.
Den Unterschied erkennt man schnell:
-- Halte keine andere Götter neben mir.--

2
Ich
Wiederholung : Ich
Ich bin die Opposition.
Man sagte mir
"Komm auf die Seite der Starken"
Meine Bestimmung jedoch
Scheint dort zu weilen
Wo Ungerechtigkeit herrscht.
Es heißt: Demokratie
Hoch lebe die Freiheit
Und..
Jeder hat die freie Meinung
Und irgendwo dazwischen eine Stimme
Vielleicht meine:
"Macht Schluss!"

3
Kennst Du unsere schöne Stadt
Mit ihren Türmen und Banken
Den Schornsteinen
Schweiß von Tausenden raucht daraus.
Kennst du die Gärten mit der Aufschrift:
-- Zutritt nur mit Berechtigungsschein -
Die schönen Schaufenster
Die prachtvollen Paläste
Autos, die bekunden : Ende des Zwanzigsten
Jahrhunderts.
Kennst du unsere schöne Stadt
Mit dem Bahnhof als Hotel
Und ihren Migranten
Kennst Du ihre Baracken, neun Quadratmeter,
Sieben Personen.
Kennst du unsere schöne Stadt
Das Kasino neben dem Altenheim
Die Diskothek gegenüber dem Krankenhaus
Die Straßen, sie werden von Gangs regiert
Kennst Du vielleicht unsere Schule
Fünfzig Kinder, ein Schulraum.
Kennst du unsere schöne Stadt
Das neue Hallenbad auf dem Grundstück
Von Witwe K.
Kennst du unsere schöne Stadt
In der ich lebe
Und mich auch als Toten
In Dokumenten wieder sehe
Doch lass uns lieber ein Bier trinken
Und erzähl mir von der Vollbusigen von gestern
Abend.

4
Er schrie es
Und Rauch des Hasses schlug auf ihn
Blutige Augen
Verbrennen die Gutmütigkeit.
Schattenmenschen sind am Reden
Er
Er allein auf einer Bank
Er wusste, dass die Worte vergebens waren.
Trotzdem versuchte er zu schreien
"Ich bin unschuldig ... ich bin ..."
Wenn die Gerechtigkeit spricht
Scheint die Sonne auf den Steinen
Die Felsen werden zu Mörtel.
Allein
Inmitten der Herde Löwen
Die Verzweiflung tötet in Raten.
Tage kämpfen
Monate kämpfen
Beim Essen, beim Schlafen kämpfen.
Die Jahre sind unüberwindbar
Und wenn sie dich schlagen
Kommen die Nebelschleier.
Der Schmerz ist nur
Eine Episode aus dem Todeskampf.
Unschuldig in kalten Kerkern
Zu essen Ameisen und Cocoons
Sowie den Kalk von den Wänden.
Freiheit !
Ich liebe Dich
In Dir spiegelt sich die Hoffnung
In Dir wächst der Glaube.
Gefängnisse sind
Das Ekel jedes Jahrhunderts
Die Gerechtigkeit
Der Schrei:
"Unschuldig"
"Unschuldig"
Lasst uns die Lanzen brechen!

5

Ich betrat die elterliche Erde
Und die Angst des Fremdseins
Ließ mich zittern.
Nachts kam ich an
Doch die Heimat leuchtete
Und so verliebte ich mich in sie
Wie in ein Mädchen
Aus der Tiefe meines Herzens
Erhob sich ein Regenbogen.
Scheu war der erste Schritt
Behutsam wollte ich auftreten
Um den Boden nicht zu verletzen.
Diese Erde, die mich nährte, als ich noch „Klein"
Ich schwebte im irdischen Himmel
Was sollte ich als erstes bewundern?
Was zuerst umarmen?
Die engen Gassen
Wo jeder der Schritte beschützt scheint?
Die Bäume mit Jasmingeruch?
Überall schöne Mädchen
Lieder aus jeder Stimme
Das Meer
Die Berge
Das Alte neben dem Neuen
Abenteuer neben Erinnerung.
Mittags, meinst du, du wärst eingeschlossen
Der Schlaf regiert alles.
Diese Ruhe jedoch ist oberflächlich
Wenn Du willst, kannst du alles hören
Vögel auf jedem Baum
Katzen
Dreiräder
Du lebst!
Die Augen verlieren sich in Tränen.
Wenn ich atme
Glaube ich die Berge und das Meer
In mir zu spüren.
Überall Schönheit !
Auf einem Balkon etwas Ungewöhnliches

Das Alte !
Das Neue !
Kinderstimmen werden wach.
Wenn die Sonne aufgeht
Bekommt der Tag seinen Glanz
Und wenn die Sonne untergeht
Kommt Freude auf, auf das Morgen.
Bald werde ich gezwungen sein zu gehen
Doch der Abschied
Ist nur die Gewissheit des Wiedersehens.

6

Als ich von Dir fortging
Dachte ich, dass dies die Lösung wäre.
Ich sperrte die Vergangenheit aus
Und vermied es, an Dich zu denken.
Als ich von Dir fortging
Hörte mein Leben auf
Jetzt versuche ich wieder
Dich wie ein Mosaik zu rekonstruieren
Stein um Stein.
Alles, was ich tun kann
Haben wir bereits gemeinsam erlebt.
Ich vermeide zu lachen
Vermeide zu atmen
Vermeide zu leben.

7

So, wie das Feuer brennt
So, wie die Flamme den Wind erwärmt
So, wie die Pupillen den Frühling suchen
War unser Wiedersehen nach so langer Zeit.
So, wie der Wind zwischen Felsen
So,wie der Schrei der Wahrheit
So, wie ein undurchdringliches Beben
Dein Kuss nach so langer Zeit.

Wie ein nimmermüder Krieger
Wie die Geduld des Herzens
Wie die Blätter eines Kastanienbaums
Die Freude nach so langer Zeit.
Lebende Hoffnung
Deine Worte schöner als alle Blumen
Du warst wach
Das Eis wird zu Wasser
Und aus dem erloschenen Kamin
Erblüht die zauberhafteste Wärme.
Nach so langer Zeit
Nach so vielen Jahren
Nach unendlich schlaflosen Nächten
Nach unserem Tod.
Ich traf Dich
Halte Deine Hand
Und die Worte werden zum Ritual
Gesetze des Lebens
Als unerträgliche Sehnsucht.
Das Wiedersehen
Die Dornen einer Rose.
Ich will Dich umarmen
Und umarme das Nichts
Will Dich zurückholen
Neben Dir sein
Deinen Körper spüren
Und ich schließe die Augen
Erkenne Dich als Schattenbild

Ich liebte Dich, als Du hier warst
Ich versuchte, Dich zu hassen
Als Du weit fort warst
Und nun bleibt kein Gefühl mehr
Um es Dir zu schenken
Wenn Du zurückkommst.
Nach so langer Zeit
Nach einem Leben.

8
Gestern liebte ich dich wie den Mond
Heute wie die Sonne
Unter dem Lösungsstrich
Das Wort: Liebe.

Ich sage Dir
Den Schmerz will ich zerlegen
In tausend Einzelteile
Tausend Steine in der Wüste
Sie tragen Deinen Namen.

Ich sage Dir
Die Hände, die ich in meinen fühle
Sind so, wie wenn es meine wären.
Ich küsse Deine Hände.
Ich sage Dir
Die Liebe ist mild
Zart

Ich sage Dir
ich liebe Dich.

9
Wann werde ich begreifen
Dass es zu Ende ist.
Es kommt der Tag
Und es kommt die Nacht
Einmal ist alles zu Ende
Wenn die Wolken
Über dem Gestern schweben
Wenn die Engel am Einschlafen sind
Beginnt es!
Wenn die, die reden, schweigen
Und die, die lachen, weinen
Endet es.

Alles hat seinen Beginn
Wie die Liebe
Doch nicht alles endet.
Ich werde sie lieben
Wenn sich die Welten verdunkeln.

Wenn der Tag zu ende geht
Freut man sich auf den folgenden
Doch er wird anders!
Wenn man nur die -Eine- will
Stirbt man an Melancholie.

Warum gibt es Sterne
Wenn sie am Tag entschwinden
Warum gibt es die Liebe
Die enden muss?
Engel dürfen niemals sterben
Die Sonne darf sich nie ausruhen.

Wo Leben war, muss Leben entstehen.

Zweite Natur

1
Manche Städte und manche Planeten
Manche Wände
Und manche Frauen
Verstecken sich hinter den Sonnenstrahlen
Den Träumen zu trotzen.
Dann gehst Du
Du, die ich noch nicht entdeckt
Und bekämpfst die Schatten
Dein Lächeln wird zum Kampf
"Vertrauen gegen Vertrauen" rufst Du
Und die Krieger
Sind nur noch in ihren Gräbern

2
Eine indirekte Antwort :
"Nur der, der liebt
Darf auch hassen"

3
Sehnlichst, so wie Hera
Als Herbstwiese
Oder
Sehnlichst, so wie Du
Als nicht objektiv Urteilende
Sehnlichst, so wie Neptun
Im Sommerwind
Oder
Sehnlichst, so wie ich
Nachdenklich.

4

Tage, die enden ohne Beginn
Nächte, die da sind von allein
Worte, die gesagt sind, unwiderruflich
Gefühle, auf die man tritt.
Winde, die schäumen durch die Äste
Vögel, die wirren, ohne Groll
Frauen die töten, ohne Zukunft
Gefühle, auf die man tritt.
Narren die lachen, ohne Drehbuch
Könige gerecht, ganz ohne Volk
Irrtümer begangen, wie andere Kinder
Gefühle, auf die man tritt.
Atmen ohne Morgenfeuer
Cafés, gefüllt vom Menschenheer
Tänzer im Zweifel gegen alle
Gefühle, auf die man tritt.

5

Ich wachte auf und sah mich tot
Gib mir eine Chance, sagte ich
Doch ich atmete schon nicht mehr
Und da begann ich zu weinen
Um Euch.
Ich wachte auf und sah mich tot
So, wie mich die anderen sehen
Matt und müde
Beraubt um alles
Was mich bewegte zu leben.
Ich wachte auf

6
Sich so geben
Um gegeben worden zu sein
Grammatikalisch falsch
Doch wie wahr.

7
Ich möchte das Leben nicht versäumen
Die Schneeflocken jagen
Mit jungen Hunden albern
Dich mit Reichtümern vergleichen
Und keinen Unterschied finden

Ich möchte das Leben nicht versäumen
Gullivers Reisen nachvollziehen
Mit Windmühlen um die Wette raufen
Dich im Nebenzimmer wissen
Und Heimweh nach Dir spüren.

Ich möchte das Leben nicht versäumen
Unter meinen Lidern die Kronjuwelen tragen
Kindern das Kasperle vorspielen
Dich so spüren
Dass Dein Herzschlag meiner wird.

Ich möchte das Leben nicht versäumen
Kämpfen dort, wo Arglist herrscht
Umarmen die, die mit Gewehren nach mir zielen
Dir, vereint mit dem Abendhimmel
Meine Geheimnisse offenbaren.

8
Fest steht, dass ich Dich beneide
Wie den Saturn
Und vielleicht ein bisschen mehr.
So den Feen gleich
Wie ein Taifun
Lach nicht
Dein Requiem ist noch unvollendet.
Genug jetzt mit der Arroganz
Lass mich noch einmal beginnen
Als wäre die Welt noch nicht entdeckt.

Fest steht, dass ich Dich beneide
Sei es vor meiner Geburt
Oder jetzt

Leblose leben nur von Almosen.
Fest steht, dass ich Dich beneide
Und das ist auch das Einzige
Vor verschlossenen Türen oder vor Wüsten

Du bist das Modell
Mein Modell
Meine Hände sind so leer
Wie die vereisten Berge
Nicht die Kraft ist es, die mich bewohnt
Sondern die Neugier.

9

Die Straßen sind immer verschneit
Unsere Welt besteht nur aus Fragen
Licht und Dunkelheit als Märchenfiguren.
Unsere Städte erwachen um Mitternacht.
So viele Träume
So viele Blumen in den Gärten
Als sei alles gestellt.
Warum verbirgst Du Deine Sinne
Besser gesagt
Warum lässt Du Deine Sinne nicht frei?
Wenn man mich einmal nach Dir fragt
In zehn Jahren oder wann auch immer
Dann werde ich ihnen antworten:
"Blättert zurück ins Jahr Null"

10

Sei es, als wären die Worte unentdeckt
Sei es, als wäre der Mond noch unbewohnt
Sei es, als wären die Zwischenräume leer
Sei es, als schliefest Du noch in den Gärten
Sei es, als wäre die Landschaft wie mein Blut
Sei es, als wäre die Inbrunst mein Wegweiser
Sei es, als wären die Hochmütigen jetzt Bettler
Sei es, als wäre der Brunnen meine Kindheit
Sei es, als senkte sich mein Kopf durch Gewalt
Sei es, als wäre das Nichtsterben eine Zier
Sei es, als gingen die Exzellenzen auf Stelzen
Sei es, als wäre jeder noch so frei wie ich
Sei es, als wären meine Worte Wiederholungen
Sei es, als wären die Sommernächte zu Ende
Sei es, so wie ich es wünsche
Sei es

11
Mein schönstes Gedicht
Ob geschrieben oder in der Galaxie
Schenke ich Dir
Meine ganze Liebe
Ob offenbart oder noch in der Quelle
Gebe ich Dir
Meine Seele
Ob in der Küste oder beim Echo
Gehört nur Dir

Furchtbar die Klarheit
Furchtbar, so viel zu wissen
Und zum Schweigen verurteilt zu sein.

Alles spiegelt sich in der Unschuld
Männer und Frauen werden
Von Männern und Frauen gefoltert.
Mein schönstes Gedicht
Werde ich erst dann vollenden
Wenn ich das einzig Unentdeckte finde.

12
Der erstgeborene Mensch
Löscht die Sonne
Und auf dem Diagramm der Schöpfung
Sind die Eingänge rot angekreuzt.
Hier herrscht die Finsternis
Dort Korallen.
Seconde nature
Würden Dich die Franzosen nennen
Ich müsste mich wiederholen
Immer
Immer
Immer wieder
Schaue ich Dich an
Und das Leben wird zum Schrei.